Brigitte Anna Lina Wacker

Dies und Das....

aus meiner Welt

Anekdoten - Gedanken
Erinnerungen – Bilder - Gedichte

Manchmal streift uns
ein Flügel der Erinnerung,
ein Luftzug längst vergangener Tage,
ein Hauch glücklicher Momente.

Wenn dieses passiert,
solltest du stehen bleiben
und lächeln.

(Verfasser unbekannt)

Herstellung und Verlag:
BoD – Books on Demand, Norderstedt
ISBN: 9783744835008

Wiener Walzer

Corinna saß bei Kerzenschein im Wohnzimmer ihres gemütlichen Hauses. Ein anstrengender Tag lag hinter ihr und sie genoss die Gemütlichkeit im Halbdunkel dieses Sommerabends. Im Fernsehen gab es eine Aufzeichnung vom Walzerkönig André Rieu und seinem großen Konzert in Maastricht von 2018 zu sehen. Corinna hatte ihn vor über 20 Jahren bei einem seiner Konzerte life erlebt. Welch ein berauschendes Ereignis. Alleine die Kostüme der Damen waren eine Augenweide. Und dann der Meister selbst! Immer lächelnd, eins mit der Musik.
Man konnte die Welt um sich herum vergessen.
Walzertakt – Corinna liebt Walzer. Die Stimmung auf dem Bildschirm ist hervorragend eingefangen. Menschen, die sich vorher nicht kannten, tanzen miteinander, schunkeln zu den Walzerklängen. Sie lächeln, sie singen mit. Die Melodien und Texte sind ihr seit Jahren bekannt. Corinna fühlt den Walzer, ihr Körper schwingt mit. Erinnerungen tauchen auf inmitten der vertrauten Melodien. Sie sieht sich als Kind mit den Eltern auf Familienfesten tanzen. Ihre Onkel und Tanten tanzen mit ihr zu den Klängen von Musikkapellen.
Feste im Dorf, Familienfeste, Schützenfeste, Familienfeiern. Und dann die Heimfahrten des Nachts im alten VW-Käfer.

Aus dem Seitenfenster schauend das Leuchten des Sternenhimmels und im Kopf tönen noch immer die Melodien der Musikanten. Nicht einschlafen können von den vielen neuen Eindrücken.

Mit 9 Jahren gab es auf dem Saal des Dorfgasthauses Tanzunterricht. Wie hieß der Tanzlehrer noch? Maybohm oder so ähnlich. Er spielte Akkordeon und tanzte die Schritte vor. Peinlich war es, wenn Herr Maybohm eines der Mädchen aufforderte, mit ihm vorzutanzen. Das Akkordeon zwischen ihm und der Tänzerin, lustig anzuschauen war es. Die Erinnerung zaubert ein Lächeln in Corinnas Gesicht. Und dann die Aufstellung der Tanzpaare....

Im inneren fast geschlossenen Kreis standen die Jungen des Dorfes und zwar aufgereiht wie die Orgelpfeifen. Links standen die ganz kleinen Burschen und dann immer größer werdend die größeren bzw. älteren Jugendlichen, vom Alter her wohl 9 bis 17 Jahre alt. Nach jedem Musikstück mussten die Mädchen, die im äußeren Kreis ebenso aufgereiht standen, um eine Person nach rechts weiterrücken. Der Tanzunterricht war meist vorüber, wenn alle Paare miteinander getanzt hatten.

Walzermusik in der Erinnerung, Walzermusik im Fernsehen. Alles verschmilzt miteinander. Und dann ist da plötzlich der Duft von Vanille. Erinnerung an den fast erwachsenen Sohn des Dorfbäckers. Oh, dieser leckere Duft.... Beim

Tanzen war Corinna ganz nahe an ihn herangekommen, hatte den Vanilleduft tief eingeatmet und wollte ihren Tanzpartner am liebsten nicht mehr loslassen. Als dieser Jahre später erstmals mit ihr zum Schützenfest gehen wollte, bekam er von den Eltern eine Absage.

Gedanken an zu Hause. Operettenmusik im Schwarz-Weiß-Fernseher. Welch ein Ereignis. Das Land des Lächelns, der Zigeunerbaron, viele Walzermelodien, die heute nur noch selten erklingen. Das Lächeln im Gesicht der Mutter. Tanzen mit ihr im engen Flur des Hauses. Walzer, immer wieder Walzer.

Mit 14 Jahren wurde man beim dörflichen Schützenfest Ehrendame. Das heißt, die ledigen jungen Mädchen begleiteten die Schützen im Umzug mit Blaskapelle durch das Dorf. Welch eine Ehre. Man galt als Erwachsene. Am Nachmittag wurde getanzt. Immer wieder Polka oder Walzer. Es gab ein neues Kleid. Die Eltern wollten ihre Tochter besonders schön anziehen. Und die Männer des Dorfes, die Junggesellen, schauten sich schon einmal um nach den hübschen Mädels.

Als besondere Attraktion gab es im Nachbardorf „Tanz auf der Tenne". Es handelte sich um eine Veranstaltung des Norddeutschen Rundfunks. Ein Animateur feuerte vor den Musikstücken die Zuhörer auf zu klatschen. Laut und immer lauter. Mit den Füßen auf dem Boden trampeln. Im Radio sollte es herrlich beschwingt und euphorisch klingen. Nach der Veranstaltung wurde getanzt. Bis 23 Uhr durfte Corinna mit ihrem Bruder dort bleiben und tanzen. Ihre Mutter hatte ihr ein zartblaues Kleid extra für dieses Fest nähen lassen. Corinna sah darin bezaubernd aus. Sie erinnert sich noch heute an den glänzenden Stoff, den schlanken Schnitt und den Wasserfallkragen, der damals ganz besonders elegant aussah.

André Rieu und Walzerklänge. Das Fest ist eigentlich vorüber, doch die Menschenmassen rufen nach einer Zugabe. Sie klatschen, singen, winken. Der Walzerkönig kommt zurück und spielt Walzer, Polka und wieder Walzer. Corinna versinkt erneut in ihren Erinnerungen.

In einigen Dörfern gab es damals Tanzlokale. Ihre Mutter erlaubte ihr, mit Freunden dort bis 22.00 Uhr zu bleiben. Spätestens um 23 Uhr musste sie wieder daheim sein. Die Volljährigkeit war ja erst mit 21 Jahren erreicht. Von nun an wurde alles getanzt. Sie lernte viele Tänzer kennen, immer neue Schritte, doch am liebsten tanzte sie Wiener Walzer.

Auf dem Winzerfest eines Landgasthofes tanzte sie mit vielen fremden Jugendlichen. Rot war ihr Kleid, mit Puffärmeln und breit gesmokt in der Taille. Süß sah sie aus und die jungen

Männer wollten gerne mit ihr tanzen, während ihr Freund gelangweilt zuschaute. Ein Rothaariger erhaschte sie und beide tanzten in vollendeter Harmonie, so als gehörten sie zusammen. Die Jury belohnte sie mit einem Preis für ihren Walzer, einer Flasche Wein. Welch ein Erfolg.

Ihr Traum hieß Musik. Corinna kaufte sich mit achtzehn Jahren ein Akkordeon und begann mit abendlichem Unterricht bei einem Musiker. Ihr wurde gesagt, sie wäre zu alt, um Noten zu erlernen. Doch sie lernte und übte fleißig. Gerne spielte sie auch nach Gehör: „Schneewalzer", „An der schönen blauen Donau", „Schenkt man sich Rosen in Tirol" und andere bekannte Weisen. Meist Walzer, am liebsten Walzer, sie konnte nicht widerstehen.

Die Silberhochzeit ihrer Eltern. Eine große Feier wurde ausgerichtet. Selbstverständlich mit einer Musikkapelle, die den Abend zu einem unvergessenen Ereignis werden ließ. Corinna wurde immer wieder zum Tanz aufgefordert. Der Bürgermeister, ein Riese von Mann, holte sie zum Walzer. Links herum, rechts herum und unversehens hob er sie in die Luft und tanzte auf diese Weise mit ihr weiter. Nun schwebte sie wirklich. Als sie den Boden endlich wieder berührte, fühlte sie sich frei wie ein Vogel. Sie hätte noch lange so weiter tanzen können.

Immer noch spielt Andre Rieu Walzerklänge. Zugabe über Zugabe ertönt. Und plötzlich ist sie da, die Sehnsucht nach Tanz, Gemeinschaft, nach Miteinander, nach dem Schweben im Arm eines guten Tänzers. Nein, der Vater ihrer Kinder konnte nicht tanzen. Sie musste ihn führen. Die Finger auf seiner Schulter dirigierten ihn leidlich. Er war unmusikalisch, es war eine Katastrophe.

Zum Glück gab es damals mehrfach im Jahr große Bälle, auf denen man dem Tanze frönen konnte. Wie glücklich war Corinna, wenn sie mit einem guten eleganten Tänzer im Klang der Walzermelodien über die Tanzfläche schweben konnte. Links herum, rechts herum und ganz Musik werdend.

Corinna erinnert sich an die Zeiten der Trennung. Sie war mit ihrer liebsten Freundin zum Tanzen gewesen. Ein großer schlanker Mann war abends an ihren Tisch gekommen. Auffallend, sein weißer Anzug. Auffallend, sein gutes Benehmen. Die Stimme melodisch und weich. Galant forderte er sie auf und führte sie zur Tanzfläche. Jede ihrer gemeinsamen Bewegungen war absolute Harmonie. Jeder Tanzschritt war Gefühl, Nähe, Vertrautheit und Erotik. Welch ein Tanz. Nie wieder würde sie diesen Tanz vergessen, dieses Schweben und Dahingleiten im Walzertakt.

Stille im Raum. Nur langsam lösen sich die inneren Bilder auf. Corinna öffnete die Augen. Immer noch dieser Schmerz, nach so vielen Jahren. Melancholie machte sich breit, dehnte sich aus und Gedanken schwebten durch den Raum: Nie wieder! Dieser Mann hatte ihr Herz erobert, eine Tür geöffnet zu einer ihr damals unbekannten Welt. Nie wieder hatte sie solch einen Tanz erlebt, sich so tief und befreit gefühlt wie damals. Nie wieder hatte sie Walzer getanzt.

Corinna stellte den Fernseher aus, erhob sich und ging nachdenklich schlafen.

Triaden von Sternschnuppen
fallen vom Himmel -
in meine Seele-
Funken sprühen -

Dieses innere Leuchten -
so lange gesucht -
vertraut seit Äonen.

Verloren sein -
unausgesprochene Worte
verstummen dort
wo Träume erblühen.

Warmer Mund streift mein Gesicht -
ein Hauch - und Sturm zugleich -
Nachtschwarz der Himmel über mir
gibt seine Geheimnisse nicht preis.

(Brigitte Anna Lina Wacker - Februar 2022)

Ich bin die Liebe
sprach die Liebe-
ich bin keine Verpflichtung-
ich bin ein Angebot an dein Leben-
du kannst mich nehmen ganz und gar-
du kannst dich mir anvwertrauen
dich in mich geben-
du kannst mich suchen
und auch entdecken-
du kannst auch vor mir fliehen
oder die Augen verschließen-
du kannst mich abweisen-
doch dann wirst du dich nur selbst verneinen,
denn: du bist die Liebe!
sprach die Liebe
die Liebe, die ich suchte
und die ich Dir nun schenken will

Alles ist Geist

30. August 2022. An diesem Morgen war ich aufgeregt. Besuch hatte sich angekündigt und mein Herz wusste nicht, ob es sich darüber freuen sollte, oder ob die Trauer überwog. Die Trauer um meinen langjährigen Freund Gebhardt, der unerwartet im März d. J. an einem Aneurysma verstarb.

Ich erinnere mich noch genau an den Anruf seiner Tochter Iris. Sie schrie und weinte ins Telefon und ich brauchte eine Weile, bis ich begriff, dass Gebhardt urplötzlich umgefallen war und unsere schöne Erde verlassen hatte.
Mein Körper zitterte, mein Herz schlug mir bis zum Hals, die Tränen blieben irgendwo stecken, mein Hals fühlte sich wie zugeschnürt an. Nein, das konnte nicht sein, nicht Gebhardt, der mir drei Tage zuvor per WhatsApp mitgeteilt hatte, dass er mich im Sommer in Cuxhaven besuchen wollte. Er hatte mit seinem Sohn Christian eine lange Wanderung unternommen und beide hatten währenddessen beschlossen, im Sommer erneut in unserer Küstenstadt ein paar Tage zu verweilen. Höchstwahrscheinlich würden sie seine Tochter Iris und ihren Lebensgefährten Fabian mitbringen. Ich war voller Freude gewesen, auch am nächsten Morgen nach seinem Anruf. Und dann lag auf einmal unsere kleine heile Welt in Scherben.

Im Frühjahr vor zwei Jahren, mein Mann lag gerade nach einer schweren Operation im Krankenhaus, sah ich Gebhardt an unserem Haus langsam vorübergehen. Ich erkannte ihn nicht auf den ersten Blick. Er war um Jahre gealtert, um lange 26 Jahre. Um jeden Preis musste ich wissen, ob er es wirklich war. Ich eilte zur Straße und rief leise „Gebhardt?"

Tatsächlich, er war es. Ich konnte es kaum glauben, denn vor mir stand ein alter Mann, nicht zu vergleichen mit dem Mann, den ich vor langer Zeit kennen und lieben gelernt hatte.

Seine müden Augen erstrahlten vor Glück und Freude. Wir wechselten ein paar Worte. Gerne hätte ich ihn sofort ins Haus gebeten, wollte jedoch vorher mit meinem Mann über diesen Besuch reden. Selbstverständlich sprach nichts dagegen. Das Vertrauen meines Mannes tat mir gut und ich vereinbarte mit Gebhardt für den nächsten Nachmittag ein Treffen.

Ich werde nie vergessen, wie zögerlich Gebhardt unser Haus betrat. Nicht einmal seine Jacke zog er aus, stellte lediglich seinen riesigen Rucksack ab und die Worte fielen ihm schwer.

„Ich war oft in Cuxhaven", erzählte er mir. „Ich bin oft an Deinem Haus vorübergelaufen, ohne es Ute zu berichten. Ich hätte Dich so gerne gesehen." Er stockte. Ute, seine Frau, war schrecklich eifersüchtig gewesen. Als ich Gebhardt kennenlernte, war er im Begriff, sich nach langer Ehezeit von ihr zu trennen. Beide lebten eine schwierige ungleiche Verbindung. Die Liebe war schon lange erloschen und lediglich die Verantwortung für die gemeinsamen Kinder hielt die Beziehung noch zusammen. Ute war laut, besitzergreifend und manipulierend und sie kämpfte mit allen Mitteln. Die Begleitumstände wurden für alle Beteiligten untragbar und ich trat zurück, indem ich Gebhardt bat, sein Leben zu ordnen und erst danach ein gemeinsames Leben mit mir anzustreben.

Mein Herz zerriss beinahe in zwei Stücke, als wir uns trennten. Gebhardt wollte heimlich mit mir weiterhin Kontakt halten, ich aber wollte keine „heimliche Geliebte" sein und war hart gegen ihn und gegen mich selbst. Jahre gingen ins Land. Ich lernte einen lieben Mann kennen und wurde bereits kurze Zeit später seine Frau. Auch verließ ich meine geliebte Wahlheimat, um zu ihm nach Cuxhaven zu ziehen. Mein Heimweh und die Sehnsucht ignorierte ich. Und nun saß ich Gebhardt gegenüber und lauschte seinen Worten. Immer wieder erzählte er mir, wie leid es ihm tue, mir so viele Schmerzen bereitet zu haben. Er sprach von Schuld, von schlechtem Gewissen mir gegenüber und ich erwiderte daraufhin, dass es keine Schuld und somit nichts zu verzeihen gäbe. Es wäre eine Lebensentscheidung gewesen, die mir zwar Schmerzen bereitet hätte, aber es gäbe nichts zu verzeihen. Vor allen Dingen aber gäbe es in keinem Fall eine Schuld.

„Alles ist gut!", sagte ich Gebhardt, als er sich kurze Zeit später von mir verabschiedete.

Dann nahm ich ihn in die Arme, jedoch reagierte er fast ablehnend auf meine Umarmung.

Nachdem ich meinem Mann am späten Abend von Gebhardts kurzem Besuch erzählt hatte, saß ich noch lange Zeit ihm Wohnzimmer und ließ das Geschehene Revue passieren. Ich wusste nun, dass Ute schwer erkrankt war. Parkinson war die Diagnose, und zwar eine spezielle Form. Sie hatte starke Schmerzen und überhaupt keinen Lebenswillen mehr. Sie wollte auf keinen Fall in ein Pflegeheim, sondern erwartete absolute Hilfe von ihrem Mann. Gebhardt pflegte sie, machte den Haushalt, las ihr jeden Wunsch von den Augen ab und geriet an seine persönlichen Grenzen. Aus diesem Grunde hatte er einen einwöchigen Urlaub gebucht, um am Meer durchatmen zu können, zu wandern, den Wind zu genießen und die Hoffnung aufrecht zu erhalten, mich wiederzusehen.

Gebhardt und ich hielten von nun an über unsere Smartphones Kontakt. Das gab ihm Halt und Zuversicht. Monate später kündigte er erneut seinen Besuch bei mir an. Sein Schwiegersohn wollte zum Tauchen in einem nahe gelegenen Ort fahren. Somit bestand die Möglichkeit für ihn mitzufahren und mich ein weiteres Mal zu besuchen. Es war lieb von meinem Mann, mir auch diesen Besuch zu ermöglichen und er zog sich dezent zurück. Die Stunden vergingen wie im Fluge. Wir hatten unsere Vergangenheit aufzuarbeiten und kamen uns im Herzen wieder näher. Unser Gespräch landete wieder bei Schuld und Vergebung und es endete erneut mit meiner Bekräftigung, dass es in unserem Fall keine Schuld und somit auch keine Vergebung geben konnte. Als Gebhardt sich schließlich erhob, um zu seiner Pension zurückzukehren, seufzte er tief und ich wusste, dass er sich immer noch nicht vergeben hatte.

Noch beim Abschied fragte ich nach seinen Kindern und ob diese wüssten, dass er wieder Kontakt zu mir hielt. Er schüttelte den Kopf, worauf ich ihm Mut machte, wenigstens mit seinen Sohn darüber zu sprechen und die Reaktion abzuwarten. Zweifelnd sah mir Gebhardt in die Augen und ich wusste, dass es für ihn noch nicht die richtige Zeit war.

Schon am nächsten Tag erhielt ich einen Anruf. „Ich habe mit meinem Schwiegersohn über uns gesprochen. Er ist Pfarrer und ich habe ihn an sein Schweigegelübde erinnert." Gebhardt schien erleichtert. Seltsamerweise hörte ich in den nächsten Wochen nur wenig von ihm. Er war den ganzen Tag mit Pflege, Kochen, Haushalt etc. beschäftigt. Gesundheitlich ging es abwärts und dann kam Utes unvermeidlicher Umzug in ein Pflegeheim. Gebhardt begleitete sie. Während er sich ein wenig erholen wollte, fühlte sich Ute in der neuen Umgebung nicht wohl. Die Tage zogen sich dahin, waren qualvoll und endeten dann Wochen später mit dem Tod seiner Frau.

Es war im Juni des letzten Jahres, als Gebhardt uns gemeinsam mit seinen Kindern besuchte. Dieses Mal wurde mein Mann in das Treffen mit einbezogen. Endlich, nach 27 Jahren, sah ich Christian und Iris wieder. Ganz besonders freute ich mich, dass Iris ihren Freund Fabian mitbrachte. Es war seltsam, obwohl so viele Jahre zwischen uns lagen, waren Christian und Iris mir unendlich vertraut und ich entdeckte voller Freude, dass sich an meinen Gefühlen für die beiden überhaupt nichts verändert hatte. Trotz der äußerlichen Veränderung waren sie im Herzen so geblieben, wie ich sie in Erinnerung hatte. Wir verbrachten ein paar schöne und herzliche gemeinsame Stunden. Die Zeit verging wie im Fluge und als wir uns bei strahlendem Sonnenschein voneinander verabschiedeten, stand schon ein weiteres Treffen im Raum. Wir umarmten uns trotz Corona-Pandemie herzlich voneinander und der Abschied fiel uns allen sehr schwer. Dieses Wiedersehen bedeutete Gebhardt und mir sehr viel. Auf eine bestimmte Art und Weise war seine Familie auch die meinige – immer noch.

Abends erhielt ich eine Sprachnachricht: „Vielen Dank für den schönen Tag, den wir zusammen hatten heute Nachmittag. Es ist für mich wirklich beglückend, wie wir alle zusammensaßen und die Vergangenheit hinter uns lassen konnten. Danke! Alles Gute."

Gebhardt hatte noch nicht sehr lange sein Smartphone und obwohl ihm Christian immer wieder Hilfestellung gab, klappte es mit der Tastatur bzw. mit den Sprachnachrichten nicht immer. Wir lachten darüber. und ich machte ihm Mut, weiter zu üben. Irgendwann würde Routine eintreten. Und tatsächlich. Im Laufe der kommenden Wochen wurde Gebhardt immer sicherer und schrieb mir nahezu täglich. So freute er sich jeden Morgen auf meine Statusmeldungen und kommentierte sie fleißig. Viele gute Wünsche und Gedanken erhielt ich auf diese Weise. Er staunte über mein Gottvertrauen und es gab Zeiten, dass er für mich betete. Er litt mit mir, wenn ich wieder einmal meine Augenerkrankung behandeln ließ und freute sich mit uns über die neue Terrasse und die Pflasterarbeiten, die wir am Haus vornehmen ließen. Im September verkaufte er sein Auto und war von nun an per Bahn unterwegs. Es machte mir Freude, ihm Mitschnitte meiner Herbstlesung zu schicken und tatsächlich freute Gebhardt sich sehr darüber. Schließlich war die Entfernung Kassel-

Cuxhaven zu groß, um mal eben auf einen Sprung vorbeizuschauen. Durch unsere Verbindung per Smartphone nahm er an meinem Leben rege teil. Der schwere Sturm im Februar machte ihm große Sorge. Im Fernsehen hatte er die Katastrophenbilder gesehen, aber hier in Cuxhaven hatten wir keine großen Schäden und so konnte ich Gebhardt schnell beruhigen. Anfang März bemerkte ich kleine Veränderungen in unseren Gesprächen. Der Krieg von Russland gegen die Ukraine machte ihm Kopfzerbrechen, ebenso der Hausverkauf in Kassel und die Corona-Pandemie. Obwohl Gebhardt oft und lange Spaziergänge machte und er sich langsam von den aufreibenden Stunden an der Seite seiner schwerstkranken Frau erholte, kämpfte er gegen viele kleine Alltagsbeschwerden.

Wir telefonierten häufig und er freute sich auf den Sommer und das nächste Wiedersehen. Auf einer langen Wanderung mit Christian hatten beide beschlossen, erneut für ein paar Tage nach Cuxhaven zu kommen. Wir alle freuten uns darauf. Die letzte Nachricht erhielt ich von ihm am 7. März. Noch einmal wünschte er mir „Alles Gute". Zwei Tage später verließ er diese Welt. Es war unfassbar. Die Traurigkeit in mir wollte nicht weichen.

Im Laufe des Lebens verliert man viele Menschen, einige an das Leben und einige an den Tod. Für mich war beides gleichermaßen schwer zu ertragen. Loslassen – das war ein schwerer Prozess, durch den ich mich mühsam kämpfte. Als ich im Frühjahr von Iris eine Mitteilung bekam, dass sie mich mitsamt ihres Bruders und ihres Lebensgefährten im Sommer besuchen wollte, konnte ich es zuerst nicht begreifen, doch dieser Besuch wurde Wirklichkeit.

Am vorletzten Tag im August standen die Drei pünktlich zur vereinbarten Zeit bei uns vor der Tür. Wir umarmten uns zur Begrüßung, lachten und freuten uns über unser Wiedersehen. Es war ein traumhaft schöner Nachmittag bei Kaffee und selbstgebackenem Pflaumenkuchen. Wir hatten uns viel zu erzählen und Iris betonte, dass Cuxhaven zwar wunderschön sei, aber der Grund des Besuches ausschließlich ICH gewesen sei.

Während unseres Beisammenseins hatte ich immer wieder das warme Gefühl, dass Gebhardt mitten unter uns weilte. Fast war mir so, als sähe ich ihn vor meinem geistigen Auge an einer ganz besonderen Ecke des Raumes und ich teilte dieses auch Iris und Fabian mit. In diesem Moment lief vor dem Haus ein Mann mit einer gelben Weste vorüber, einer ähnlichen Weste, wie sie Gebhardt gerne getragen hatte. Als wir uns weiter darüber unterhielten, schlug auf einmal der Türgong an. Wir schauten uns verwirrt an, denn niemand von uns hatte sich bewegt. Nach kurzer Pause redeten wir weiter über Gebhardt; der Türgong schlug abermals an. Uns wurde sehr seltsam zumute. Dann hörte der Gong überhaupt nicht mehr auf, Töne von sich zu geben und wir mussten ihn schließlich abstellen.

„Alles ist Geist!", diesen Satz hatte Gebhardt zu Lebzeiten oft von sich gegeben. War dieser Gong sein Gruß an uns, ein Beweis dafür, dass er gerade mitten unter uns weilte?

Der Abschied von Christian, Iris und Fabian fiel uns sehr schwer. Vielleicht war es ein Abschied für immer. Wer weiß das schon. Mit ihrem Besuch erfüllten sie jedenfalls den letzten Wunsch ihres Vaters auf ein Wiedersehen. Wieder ein Abschied... ihm folgten bereits am nächsten Tag viele Tränen.

Noch während ihres Abschieds faltete Iris für mich einen fliegenden und einen stehenden Kranich in zauberhafter Origami-Technik. Ich danke Dir dafür, liebe Iris.

In Japan ist der Kranich ein Symbol des Glücks und der Langlebigkeit. Nach einer alten japanischen Legende bekommt derjenige, der 1000 Kraniche faltet, von den Göttern einen Wunsch erfüllt. Nun fehlen nur noch 998 Kraniche.

Nicht alle Wünsche werden Wirklichkeit.

Übrigens: Ich habe gelernt, Kraniche zu falten. Über 20 Glücksbringer hängen bereits in meinem Atelier.

Du trägst große Sehnsucht in dir,
sagst du,
von einer einmaligen grenzenlosen vollkommenen Liebe,
die dir fehlt,
die du suchst.

Du weißt, dass es sie gibt,
sagst du,
denn ohne dieses Wissen könntest du sie nicht suchen.

Doch warum suchst du?
Du hast sie lange schon gefunden -
in dir.
Du brauchst sie nur noch zu leben!

[Brigitte Wacker]

Der ENGEL, der das Augenlicht behütet ....(Mahzian)

Wer mich kennt weiß, dass ich ein in mich gekehrtes ruhiges Wesen habe. Ich äußere mich am liebsten in meinen Bildern, Gedichten und Kurzgeschichten, stehe aber nicht gerne im Mittelpunkt des Geschehens, im so genannten Rampenlicht. Als ich begann, mit meinen Aquarellen durch Ausstellungen an die Öffentlichkeiten zu treten, natürlich im Schutz und Schatten des örtlichen Kunstvereins, war mir jedes Interview, jedes Aufhebens um meine Persönlichkeit ein Gräuel. So sagte ich oft der örtlichen Presse, dass es nicht um mich, sondern einzig und alleine um meine Arbeiten ginge. Erst viel später wurde mir klar, dass es sehr wohl auch um meine Persönlichkeit ging.

Bereits als ich meine ersten Malkurse gab, musste ich im wahrsten Sinne des Wortes „Farbe bekennen". Obwohl mir oft die richtigen Worte fehlten, um etwas zu erklären und ich radebrechend meinen Schülerinnen und Schülern Erklärungen über Farben mischen, Bildgestaltung etc. gab, machte ich durch Übung große Fortschritte. Von Meisterschaft will ich allerdings nicht reden.
Die Farben brachten meine Gefühle zutage. Ich schrieb meine ersten Verse und Gedichte und schon bald hielt ich die ersten Lesungen aus eigenen kleinen Büchern in einer Klinik für

Krebserkrankte. Mithilfe meines Sohnes zeigte ich im Foyer der Klinik monatlich meine Landschafts-, Blumen- und Engelaquarelle, hauptsächlich in Drucken und Kunstkarten. Außerdem verteilte ich kostenlos kleine „Taschenengel". Das heißt: Jeder, der an meinen Ausstellungstisch kam, konnte sich wie beim Tarot ein kleines Kärtchen ziehen, das einen meiner Engel und seine Bedeutung zeigte.

Viele Patienten erbaten Karten für ihre Freunde und Bekannten. Ebenfalls wurden viele Gespräche geführt und voller Erstaunen erlebte ich die Wirkung meiner Engelbilder. Ich erlebte die Wunder von erwachendem Vertrauen wie auch von neu entstehendem Glauben. Oft war ich fassungslos, oft hatte ich Wölkchen in den Augen und langsam begriff ich, dass ich nicht nur Malerin bzw. Poetin war, sondern auch Verursacherin, Geberin, Erklärende.

Es heißt, Engel zeigen sich uns Menschen in der Form, in der wir sie auch als Engel erkennen. Schließlich wollen sie uns nicht erschrecken, sondern uns helfen. Mir zeigen sich die Engel in den Wolken, an Bäumen oder auch, dass eine Feder auffällig zu Boden schwebt.

Vielen Patienten der Klinik habe ich z.B. den „Baumengel" in Bad Sooden-Allendorf gezeigt oder die Fotografie des Baumengels hier im Cuxhavener Schlosspark geschenkt.

Als ich meine Wahlheimat Bad Sooden-Allendorf verließ, um aus Liebe und rationalem Denken heraus nach Cuxhaven zu ziehen, fiel ich zunächst tief ins Bodenlose. Ein Neuanfang fiel schwerer als jemals gedacht. Niemand kannte mich. Niemand wusste von meiner Arbeit mit Reiki, Malerei, Kursarbeit und Lesungen. Als ich mein Atelier eröffnete, spürte ich keine Neugier sondern Skepsis. Das Thema Engel schien hier so gut wie niemanden zu interessieren. Auch bei dem Thema Reiki spürte ich viel Misstrauen, mitunter sogar Ablehnung. Es fiel mir sehr schwer, auf meinem Weg zu bleiben und weiterzumachen.

Trotz einer Ausstellung meiner Engelbilder kamen keine Gespräche zustande, keine Auseinandersetzung mit diesem Thema. Den Menschen hier ging es gut, stellte ich fest. Und dort, wo es den Menschen gut geht, wo keine Krankheiten oder Todesnähe herrschen, gibt es keine Möglichkeit für Engel, sich zu zeigen, zu bewähren oder sich erkennbar zu machen.

Ich zweifelte an meiner Entscheidung, meine Wahlheimat verlassen zu haben. Die Engel zogen sich langsam aber stetig aus meinem Leben zurück. Sie zeigten sich nur noch zweimal in Form von Wolken und mein Mann hatte die Möglichkeit, eines dieser Wolkengebilde zu sehen und zu bestaunen. Unser Haus ist voll von Engeldarstellungen unterschiedlicher Art. Engel umgeben mich, wo ich gehe und stehe. Sie sind voller Energie, Farben, Trost und Hoffnung. Sie sind also täglich in meinem Leben nach wie vor präsent.

Nach einer Impfung wurde ich sehr krank. Auch meine Augen waren betroffen. Eine Makula-Degeneration wurde festgestellt und ich war rat- und sprachlos. Nun folgten unangenehme Spritzen, zahlreiche weitere Untersuchungen und Angst machte sich breit und wurde sogar zeitweise übermächtig. Nicht mehr genügend sehen zu können, die wundervollen Farben der Sonnenauf- und -untergänge, die Farben der Natur, all das bereitete mir Sorge. Ich dachte viel über Bibelverse nach: „Dir geschehe nach deinem Glauben" oder „Dein Glaube hat Dir geholfen" oder „Wenn Du Glaube hättest wie ein Senfkorn, dann…."

Ich wollte, nein, ich musste einen Engel malen. Also begann ich zuerst, mein erkranktes Auge zu fotografieren und mein Unterbewusstsein mit positiven Gedanken und Gefühlen zu füttern. Dann malte ich zunächst ein Auge, später dann noch eines, das ich „Augenblick" nannte. Und immer wieder fielen mir folgende Sätze ein: „Trink, oh Auge, was die Wimper hält, von dem goldenen Überfluss der Welt", und „Denn **Er** hat Seinen Engeln befohlen, dass sie dich behüten auf allen deinen Wegen".

Tatsächlich entstand unter diesen Gedanken ein Bild:
„Der Engel, der Dein Augenlicht behütet".

Ich bin ein Mensch mit vielen Fragen und suche täglich nach neuen Antworten. So kam es, dass ich im Internet nachschaute, ob es unter diesem Namen tatsächlich einen Engel gibt. Folgendes war dort zu lesen: MAHZIAN ist der Name eines Engels, insbesondere ein Engel für das Augenlicht. Er gilt als Engel für das Sehvermögen und hilft, das Sehvermögen zu erhalten, zu verbessern oder auch ganz herzustellen. In dieser Hinsicht ist Mahzian eine besondere Kraft, die man auch der Sonne in der indischen Mythologie bzw. Mythologie des Hinduismus zuschreibt.

Ich war überwältigt. In anderen Kulturen gab es also einen Engel speziell für das Sehvermögen.

Bei einem weiteren Termin beim Augenarzt lernte ich eine warmherzige ebenfalls betroffene Patientin namens Angela kennen. Schnell wurde uns klar, dass wir auf einer Wellenlänge schwebten. Doch für ein „mehr voneinander erfahren", fehlte es bislang an Zeit und Gelegenheit. Wir tauschten unsere Telefonnummern und die Zeit würde das Vorhergesehene schon zeigen oder erledigen, da war ich mir sicher.

Wir lasen von nun an mittels Smartphone unsere täglichen Statusmeldungen, erfreuten uns an den herrlichen Fotos von der Küste, den prächtigen Sonnenauf- und –untergängen, den herrlichen Blumenfotografien und weisen Sprüchen. Und dann las ich morgens den Satz „Ich war eigentlich noch nicht fertig mit dem Sommer" und antwortete: „Ich auch nicht!"

So kamen wir über WhatsApp ins Gespräch. Ich schrieb von meinem Besuch beim Augenarzt, dass es gute Nachricht gab und mein Auge derzeit in Ordnung wäre. „Ich bin richtig glücklich!", schrieb ich erfreut.
Ziemlich schnell kam die Antwort. Angela freute sich für mich, schrieb allerdings zurück, dass sie momentan große Schwierigkeiten mit ihrer Sehkraft durch eine Glaskörperabhebung habe.
Davon hatte ich noch nichts gehört und las mich sofort schlau. Mich erschreckte diese Erkrankung, vor allen Dingen konnte ich mir die Sorgen und Nöte vorstellen, die mit solch einer Diagnose einhergehen.

Ich fotografierte meinen „Engel, der das Augenlicht behütet" sofort und sandte ihn mit den Informationen über den Engel Mahzian an Angela. Da wir uns in vielen Dingen ähnlich sahen, bot ich ihr gleichzeitig das vertraute Du an und die Antwort ließ nicht lange auf sich warten.

„Ich sage ganz herzlich Dankeschön für den Engel. Und ich denke gerade, das kann eigentlich kein Zufall sein... Ich habe heute Morgen einen Artikel über Placebos und den Glauben an die Selbstheilung gelesen und dann schickst Du mir diese wunderbare Nachricht. Ich habe richtig Gänsehaut...."

Ich war tief gerührt über diese Nachricht und voller Vertrauen, dass dieser Engel Hilfe und Kraft geben könnte. Wie schon gesagt, der Glaube versetzt Berge. Als Stunden später meine Gedanken während der Küchenarbeit zu Angela und dem Engel abschweiften und ich dabei aus dem Fenster blickte, sah ich eine weiße Feder vom Himmel schweben und in Nachbars Garten mitten in den blühenden Gräsern landen.
Wer das Buch von Lorna Byrne über „Engel in meinem Haar" gelesen hat weiß, dass Federn für sie Grüße und Zeichen der Engel sind. Die Feder leuchtete groß, hell und weiß zwischen den Grashalmen, trotz des grauen Himmels, der seine Schleusen geöffnet hatte.
Ich ging zu meinem Mann und erzählte ihm von der Feder. Auch er entdeckte sie sofort. Wir schätzten sie auf eine Länge von mindestens zehn Zentimetern. Mein Mann reagierte sofort. Er eilte auf Nachbars Grundstück und brachte mir dann strahlend ein winzig kleines Flaumfederchen. Ich war erstaunt. Dieses Federchen war unscheinbar, weißlichgrau und

nur ca. 4 cm lang. Wie konnte es die Realität dermaßen verzerren und auf viele Meter Entfernung seine Größe dermaßen eindrucksvoll verändern.

War es ein Gruß von einem Engel? Vom Engel, der das Augenlicht behütet?

vom Engel Mahzian?

Der „Engel, der das Licht gebiert" steht neben
dir. Die Dornenkrone Jesu als Strahlenkranz in
den Händen haltend will er dir Licht und Liebe
schenken.
Sei wachsam und bereit, sein Geschenk
entgegenzunehmen.

Ein Gespräch mit meinen Engeln.....

Als kleines Kind betete ich oft zum „lieben Gott". Meine Mutter setzte sich zu mir ans Bett und nach dem Gebet wurde geschlafen. Ich ging zum Kindergottesdienst zu Schwester Natalie, die jeden Sonntag im Schulgebäude mit uns sang und uns tolle Geschichten von Jesus erzählte.

Wer besonders lieb und still war, der durfte die Geschichte mit Filzfiguren an eine Filzwand heften. Und zum Abschluss des Gottesdienstes bekam jeder ein kleines Bildchen geschenkt, das größer war als eine Briefmarke. Auch als Heranwachsende und junge Erwachsene bin ich oft in der Kirche gewesen. Mitunter nahm sich auch meine Mutter die Zeit. Ich erinnere mich an ihre glockenklare Stimme, mit der sie alle anderen beim Gesang übertönte. Mir war das damals sehr peinlich, aber heute ist es eine wertvolle Erinnerung.

Später, als Ehefrau und Mutter ging ich seltener in die Kirche. Dennoch verlor mein Glaube nicht an Bedeutung. Durch Taufe, Konfirmation und auch dadurch, dass Großeltern, Verwandte, Freundinnen und Freunde die Erde verließen, blieb ich meinem Glauben treu. Der Spruch: "Denn er hat seinen Engeln befohlen..." begleitet mich bis heute in vielen Situationen. Irgendwann in den 90er Jahren malte ich meinen ersten Engel, obwohl ich einzig an Gott und Jesus glaubte und mit Engeln nicht viel anfangen konnte. Nachdem aber immer mehr Engel in meinem Leben vorkamen in Form von Büchern, Gesprächen und Bildern saß ich eines Tages in meinem Auto und fragte laut: „Ihr Engel, wozu seid Ihr eigentlich da. Ich bete doch zu Gott. Doch was soll ich mit Euch?"

Die Antwort ließ nicht lange auf sich warten. Die Engel fragten zurück: „Wohin gehst Du, wenn Du Hunger hast und Lebensmittel einkaufen willst?"
Ich antwortete laut: „Natürlich gehe ich zum Kaufmann oder in den Supermarkt bzw. zum Schlachter!"
Die nächste Frage wurde an mich gerichtet: „Wo gehst Du hin, wenn Du neue Schuhe brauchst oder Deine Schuhe kaputt sind?"
Ich schüttelte den Kopf und antwortete: „Natürlich gehe ich ins Schuhgeschäft oder zum Schuster."
So ging es eine Weile hin und her. Schließlich fragten die Engel: „Warum gehst Du nicht zu Deinem Vater oder Deiner Mutter, um all diese Sachen zu bekommen."
Meine Antwort: „Ich bin groß und für mich verantwortlich. Meine Eltern müssen ja auch für sich selbst sorgen. Da ich nicht alles selber herstellen kann, muss ich eben in Geschäfte gehen."
„Dann stelle Dir einmal vor, dass Du auch von uns, ähnlich wie in den Geschäften, bekommen

kannst, was Du zu erhalten wünscht, wenn es gut für Dich ist. Du kannst jederzeit zu uns kommen und vieles erbitten und erfragen."
Damit endete die erste Unterhaltung mit den Engeln.

Im Herbst wurde ich von einem Reporter der hiesigen Zeitung besucht. Er wollte sich ein Bild von meiner Arbeit machen und einen Artikel darüber in der Presse veröffentlichen. Wir unterhielten uns lange 2 ½ Stunden. Er fragte mich, wie ich denn zur Malerei und insbesondere zum Engel malen gekommen sei. Somit erzählte ich ihm unter anderem diese Geschichte. Natürlich wollte er wissen, wie die Engel denn mit mir sprächen.

„Das ist sehr schwer zu erklären", meinte ich. „Eigentlich höre ich sie in Gedanken in Form meiner eigenen Stimme sprechen. Wenn ich plötzlich eine tiefe oder helle fremde Stimme hören würde, ich würde wohl einen Herzkasper bekommen. Eventuell wäre ich auf der Stelle vor Schreck tot."
Wir unterhielten uns noch lange über Engel und nach dem Interview fühlte ich mich regelrecht erfüllt und glücklich.

Da ich über einige, nenne ich es mal Begabungen bzw. Fähigkeiten, verfüge, kommen mitunter liebe Menschen zu mir, um sich von mir beraten oder helfen zu lassen.

Obwohl ich meine Hilfe gerne anbiete und gewähre, bekomme ich meist nur wenig bis keinen Energieaustausch. Manch einer würde es auch „Spende" nennen. Ich arbeite also meist gratis.

Heute war wieder so ein Tag. Hilfesuchend hatte ein Bekannter angefragt, mich zu besuchen, mir zu erzählen und mich gebeten, eventuell etwas für ihn zu tun. Bereitwillig sagte ich zu und wir vereinbarten einen Termin. Ich widmete ihm meine Zeit, dann ging er nachdenklich von dannen.

Ich blieb mit all meinen Eindrücken zurück. Es gab vieles zu überdenken und zu verarbeiten. Plötzlich überkam mich so eine Art Frust und ich sagte zu den Engeln ziemlich schroff:

„Warum bekomme ich eigentlich nichts für meine Arbeit. Nicht einmal ein Dankeschön?"

Die Antwort kam postwendend, kurz und knapp: „Jesus ging auch nicht mit einer Spendendose herum."

Wenn die Tage kürzer werden

Wenn die Tage kürzer werden
kommt die Zeit, um auszuruh'n,
denn das ganze Jahr hinüber
gab's für alle viel zu tun.

Wenn die Tage kürzer werden,
Licht erstrahlt in jedem Raum -
leuchtet golden in der Sonne
buntes Laub an jedem Baum.

Nebelfelder auf den Wiesen -
erster Frost im Morgengrau'n -
leise schwebt ein Blatt zur Erde,
wie ein längst vergessener Traum.

In den Herzen wächst ein Sehnen
nach der schnell vergangenen Zeit.
Manch' Augen füllen sich mit Tränen
und die Sehnsucht macht sich breit.

Aus der Tiefe der Gefühle
in der stillen Jahreszeit
wächst die Hoffnung auf die Liebe
und die Herzen werden weit.

Wenn die Tage kürzer werden,
wächst der Liebe ein Gesicht.
In die Dunkelheit geboren
wird ein göttlich strahlend Licht.

(Brigitte Anna Lisa Wacker, 20.10.2022)

Streiflichter am Horizont

Verregneter Septembermorgen. Nach einem Temperatursturz sind die sommerlichen Temperaturen auf unter 13° gefallen. Das Laub der Linden zeigt erste herbstliche Verfärbungen. In den kurzen Momenten, wo die Sonne durch die dicke Wolkendecke bricht, erleuchten warme golden- und rotfarbene Blätter das triste Grau dieses Tages.
Jahreszeitenwechsel. Ein wenig schwermütig schaue ich auf die Ereignisse des Jahres zurück. Wieder neigt sich ein Zyklus dem Ende zu. Was ist schon ein dreiviertel Jahr...

Anfang des Jahres traf ich zufällig auf dem Parkplatz unseres Dorfbäckers meine Malschülerin Inge, die an jenem Tag ihren Geburtstag feierte. Nachdem ich ihr fröhlich gratuliert hatte, erzählte sie mir, dass Uli, ihre Freundin und ebenfalls meine Malschülerin, vor ein paar Tagen verstorben war. Und, als wäre das nicht schon schlechte Nachricht genug, erfuhr ich ebenfalls, dass der Ehemann von Uli nur wenige Tage zuvor seiner langen und schweren Krankheit erlegen war. Es sprudelte nur so aus Inge heraus. Sie erzählte mir, dass sie zur Trauerfeier eingeladen sei und dass sie damit große Schwierigkeiten hätte. Ich war viel zu durcheinander, als dass ich alles sofort verarbeiten und begreifen konnte, zumal sich Inge eilig von mir verabschiedete. Schließlich erwartete sie Gäste am Nachmittag und war mitten in ihren Geburtstagsfeiervorbereitungen.

Mir gingen alle möglichen Gedanken an diesem Tag durch den Kopf. Seit 2007 waren Uli und Inge zum Malen in mein Atelier gekommen. Anfangs hatte ich eine Gruppe von 6-8 Schülerinnen, jedoch im Laufe der Zeit wechselten die Gruppenteilnehmerinnen. Mal war es ein Berufswechsel, mal ein Ortswechsel, dann wiederum Erkrankungen. Es gibt so viele Gründe, ein Hobby zu beenden. Aber letztendlich blieb über Jahre eine dreiköpfige Gruppe bestehen, die gerne und intensiv zum Aquarellmalen kam. Vor ein paar Jahren verlor ich eine dieser emsigen Malerinnen an Krebs. Alles ging sehr schnell. Wir hatten gerade einen Pumps malerisch erarbeitet.

Die Perspektive hatte allen Beteiligten große Mühe bereitet. Frieda blieb nach dem Unterricht noch für einige Momente bei mir stehen und wir plauderten über unsere Söhne, über vergangene Malkurse und sie meinte abschließend: „Wieso hat man uns in all den Jahren so viele Informationen vorenthalten. Ich habe heute so vieles verstanden und male das Thema noch einmal zu Hause nach. Ich danke Dir herzlich." Ihre raue Stimme klingt immer noch in meinen Ohren. Beinahe hätten wir uns zum Abschied umarmt, aber ich wahrte die Distanz. Zu viele meiner Schülerinnen und

Schüler hatten engen Kontakt gesucht, aber ich hielt mich bedeckt, wollte keine Freundschaften entwickeln, sondern lieber malende Kollegin sein.

Ich hatte unzählige Malgruppen geleitet. Die Anzahl meiner mir anvertrauten Schülerinnen und Schüler war enorm. Farben öffnen die Fenster zur Seele. Vieles wurde mir ganz nebenbei anvertraut, Eheprobleme, Scheidungen, Krankheiten, Sorgen mit den Kindern und vieles mehr. In den Pausen suchten viele das Gespräch mit mir. Ich hatte Angst davor, überbeansprucht zu werden, denn mir gingen diese persönlichen Erzählungen nahe und ich nahm so manches Problem mit nach Hause. Da gab es einen ganz besonderen Schüler, der sogar nachts anrief, um mir von seinen partnerschaftlichen Problemen zu berichten und meinen Rat zu erbitten.
Mein Fehler war, dass ich keine Grenzen setzte.

Vieles belastete mich sehr und irgendwann wurde mir einfach alles zu viel. Ich beschloss, große Nähe und vor allen Dingen Freundschaften zu vermeiden. Und doch konnte ich nicht verhindern, dass mir weiterhin vieles anvertraut wurde. So erfuhr ich im Laufe der Zeit auch, dass Frieda viele Sehnsüchte und Probleme hatte. Und dann kam sie von einem auf den anderen Tag nicht mehr zum Unterricht. Nachdem ich mehrfach versucht hatte, sie telefonisch zu erreichen, gab ich es auf. Auch Inge und Uli wussten nicht, warum Frieda den Malstunden fernblieb. Und dann kam endlich der Anruf, der Klarheit bringen sollte. Frieda hatte einen Autounfall erlitten. Sie konnte sich nicht mehr an den Hergang erinnern. Aus diesem Grund wurde sie auch von Arzt zu Arzt geschickt, bis, ja bis endlich die Diagnose kam: Gehirntumor, schnell wachsend und inoperabel.

Diese Auskunft zog mir beinahe den Boden unter den Füßen fort. Ich hielt Kontakt zu Frieda, die von heute auf morgen in ein Hospiz ging, um nur kurze Zeit darauf unsere wunderschöne Erde zu verlassen. Monatelang litt ich unter diesem Verlust. Sie war eben doch mehr gewesen als nur meine Schülerin. Sie war eine Seelenverwandte und ich erinnere mich noch oft an ihre dunkle Stimme, ihre klaren Worte, ihre stetigen Fragen und ihr immer mehr wissen wollen. Zur Trauerfeier wurde ich geladen, fühlte mich aber innerlich nicht stark genug und blieb dieser Zeremonie fern.

Inge und Uli kamen weiterhin zum Malen, jedoch herrschte nun eine andere Stimmung und Frieda fehlte mir sehr.

Uli liebte Herbstfarben. Sie hatte eine ganz besondere Farbpalette, bevorzugte besondere Papiere und verfügte über einige Lieblingspinsel. Mit Freude ging sie an die vielen unterschiedlichen Themen heran und die

Ergebnisse ihrer Arbeiten waren meist hervorragend. Da die Pflege ihres Ehemannes immer zeitaufwändiger wurde und auch ihre eigene Gesundheit aufgrund ihres Alters immer anfälliger wurde, beschlossen Inge und Uli, mit dem Aquarellunterricht aufzuhören.
Damit ging nun auch die Ära meiner Kursarbeit zu Ende.

Wenige Tage, nachdem ich die traurige Nachricht von Ulis Ableben erhielt, fand ich auf meinem Anrufbeantworter im Atelier eine Nachricht vor. Jens, der Sohn von Uli bat um Rückruf. Es ging um den Nachlass meiner Schülerin. Ich zögerte lange, doch schließlich griff ich zum Telefonhörer und wählte die besagte Nummer. Trotz meiner wieder aufsteigenden Trauer bat mich Jens zu kommen, um Papiere, Farben, Pinsel, Bilderrahmen und sonstige Utensilien in

Augenschein zu nehmen. Mein Herz wurde immer schwerer, doch nach kurzer Rücksprache mit meinem Mann sagte ich für den Nachmittag meinen Besuch an. Autofahren hätte ich nicht selber erledigen können, so stark klopfte mein Herz. Auch hatte ich das Haus von Uli nie zuvor betreten.

Wir hielten an der Straße unterhalb der Auffahrt zum Haus. Jens schien uns gesehen zu haben, denn die Tür öffnete sich, kaum dass wir das Grundstück betreten hatten. Er begrüßte uns dermaßen herzlich, dass uns diese Begegnung nicht all zu schwer fiel und führte uns in das große ehemalige Wohnzimmer. Alles war bereits vorsortiert und geordnet. Mir wurde angeboten mitzunehmen was ich wollte. Allerdings sollte von all diesen Dingen nichts weiterveräußert werden.
Verschenken bzw. weitergeben wäre in Ordnung. Behalten und verwenden wäre in Ordnung. Aber nichts von alledem sollte weiterverkauft werden. Nun, das wäre für mich sowieso nicht infrage gekommen. Aber für mich alleine war das alles viel zu viel.
Die leeren Bilderrahmen standen in einem anderen Zimmer. Ich staunte. So viele Rahmen konnte ich beim besten Willen nicht unterbringen und von der Größe her auch nicht gebrauchen. Ich bat Jens, auch Inge fragen zu dürfen und eine weitere Kollegin, von der ich wusste, dass sie Malkurse gab. Denn auch eine

moderne Staffelei befand sich in der Hinterlassenschaft von Uli. Jens war sehr erfreut über meinen Vorschlag. Er war vorerst nur noch wenige Tage im Haus, um einige der vorhandenen Möbel an weitere Interessenten zu verschenken. Danach würde er erst wieder 2 Wochen später zurück sein.

Gerahmte Radierungen wurden mir angeboten. Die Rahmen aus Naturholz sahen aus wie neu. Und dann zeigte Jens mir ein weiß gerahmtes kleines Kunstwerk. Rückseitig waren Name und Preis des Bildes von einem ortsansässigen Galeristen, den ich allerdings nicht kannte, handschriftlich vermerkt und quittiert. Es war in einer Ausstellung im März 2001 des bekannten und inzwischen verstorbenen Künstlers Willi K. gezeigt und von meiner Schülerin dort gekauft worden. Wir suchten nach einer Signatur und tatsächlich fanden wir sie rechts unten im Bild. Eigentlich waren es nur unleserliche Schnörkel, aber man kann einem Künstler nicht vorschreiben, wie er seine Werke zu unterzeichnen hat.

Seltsam, ich hatte bereits eine Ausstellung dieses Malers im städtischen Schloss angesehen. So etwas Modernes bzw. Eigenartiges hatte ich dort aber nicht entdeckt. Es handelte sich um Lagen von Zeitungspapier, die mit schwarzer Farbe bemalt waren. Sehr modern und wirklich nicht mein Geschmack, aber ich hatte sowieso nicht vor, dieses Kunstwerk zu behalten. Schließlich gab es einen Freundeskreis dieses Malers.

Im Internet wurde ich schnell fündig. Die Telefonnummer des 1. Vorsitzenden war zum Glück angegeben und freudig wählte ich diese Nummer. Leider hatte der Benannte den Vorsitz abgegeben, doch ich bekam freundlicherweise eine weitere Telefonnummer. Dort meldete sich wieder ein sehr netter freundlicher Herr, der mich an einen weiteren aktuellen Vorsitzenden verwies. Selbstverständlich wählte ich auch diese Nummer. Besagter Herr meldete begeistert seinen Besuch für den Nachmittag an, um das Gemälde zu sichten. Das klappte ja alles wie am Schnürchen, fand ich. Am Nachmittag war mein Atelier sowieso für Interessierte geöffnet.

Mein Besucher verspätete sich etwas. Seine Mine gefror, als er sich das Kunstwerk genauer anschaute. Nein, niemals könne das Bild von Willi K. signiert sein. Die freundliche Art meines Gastes veränderte sich von einem Moment zum anderen in Missachtung und Arroganz. Zu allem Unglück kamen Atelierbesucher, um meine Arbeiten anzusehen. Mir war alles sehr peinlich, zumal nun auch noch meine Aquarelle und Kunstwerke von dem Vorsitzenden des Freundeskreises begutachtet und kritisiert wurden. So klein gefühlt hatte ich mich lange nicht. Da wollte ich ein gutes Werk tun, ein Kunstwerk nicht einfach in meine Tasche stecken und wurde auch noch beleidigt und gedemütigt.

Ich möge mich an den Galeristen wenden, wurde mir geraten. Dieser wäre ein sehr undurchsichtiger unsympathischer Mensch und hatte vor langer Zeit ein Verhältnis mit der Tochter des Vorsitzenden. Von heute auf morgen habe er diese verlassen und sich nie wieder gemeldet... Unversehens und ziemlich unwirsch und übellaunig verabschiedete sich der Kunstsachverständige.

Ich brauchte erst einmal einige Atemzüge und einen Gedankenaustausch mit meinem Ehemann am Abend. Am nächsten Morgen versuchte ich mein Glück erneut, per Internet die Kontaktdaten zu dem Galeristen herauszufinden. Wieder einmal hatte ich Pech, denn in der Straße, die dort genannt wurde, fanden wir die Galerie nicht. Telefonnummer und Internetangaben waren ebenfalls veraltet. So tätigte ich weitere Anrufe bzw. Anfragen beim Kulturamt der Stadt und ebenfalls beim Kunstverein. Dort war man überaus hilfsbereit und wieder bekam ich neue Telefonnummern, unter anderem auch wieder vom 1. Vorsitzenden. Es folgte ein nettes Gespräch. Wir plauderten eine Weile, denn er war gerade unterwegs mit seiner Frau beim Einkauf.

Ob es lustig war? Für mich jedenfalls nicht, aber nett war es trotzdem.

Ziemlich verwirrt und genervt korrespondierte ich mit einem Malerkollegen und Facebookfreund. Nur wenig später bekam ich Nachricht. Mir wurde eine neue Straße genannt. Freudig überbrachte ich meinem Gatten diese Nachricht und er schnappte sich das Bild und fuhr umgehend zu der benannten Adresse. Die Zeit verging. Nein, er hatte die Galerie nicht gefunden. Mein Mann erzählte, dass er überall nachgefragt hatte. Ein älterer Mann erklärte ihm, dort schon jahrelang zu wohnen und den Maler und Galeristen nicht kenne. Mein Mann möge doch bitte in die Nebenstraße fahren, um endlich fündig zu werden. Ein Bestattungsunternehmen gab es dort und außerdem führte eine Treppe am Haus in eine weitere Wohnung im Obergeschoss. Mein unermüdlicher Gatte klingelte auch dort. Ein junger Mann öffnete ihm, doch auch er schüttelte den Kopf und kannte weder Maler noch Galerie. Den Namen hätte er ebenfalls noch nie gehört, obwohl er dort schon mehrere Jahre mit seinem Bruder lebte.

Okay, allmählich wurde das Gemälde für mich unbequem. Ich wollte es unbedingt loswerden. So rief ich bei der Stadtverwaltung an und erfragte den Maler und auch den Galeristen. Wieder einmal erhielt ich eine negative

Antwort: *„Der Name kommt mir zwar bekannt vor, aber ich kann Ihnen wirklich nicht helfen."*

Auf meine Frage, ob ich das Gemälde denn der Stadt schenken könne, wurde mir eine Absage erteilt. Das Bild würde ein Kellerdasein führen, wurde mir gesagt. Es gäbe mehr geschenkte Bilder, als die Stadt jemals in einer Ausstellung zeigen könne. Sie seien zwar alle gelistet, doch es wären einfach zu viele.
Da sage noch einer, die Stadt wäre arm! Reichtum pur. Das gesamte Bildervermögen war in dunklen Kellerräumen untergebracht! Kaum zu glauben.
Nach einigen Überlegungen kontaktierte ich den Kunstverein. Ich war mir absolut sicher, dass man mir dort gerne weiterhelfen würde. Leider erwies sich auch dieses Unterfangen als Trugschluss. Der nette Herr am anderen Ende der Leitung konnte mir nicht helfen. Ich verstand die Welt nicht mehr. Aber, so wurde mir mitgeteilt, würde der Galerist noch leben und arbeiten. Nur konnte mir niemand genau sagen, wo dieser Mann zu finden sei.

Mein Künstlerkollege und Facebookfreund war unterdessen fleißig gewesen und hatte ebenfalls gesucht. Er war fündig geworden und stellte den ersehnten Kontakt her. Einige Tage später kam unverhofft der Galerist und Künstler, bei dem die Ausstellung von Willy K. stattgefunden hatte, zu mir ins Atelier. Er schien in seiner

Ehre gekränkt zu sein, denn er behandelte mich sehr von oben herab. Fast fühlte ich mich wie ein gescholtenes kleines Mädchen. Er warf mir tatsächlich vor, dass ich mich nicht persönlich an ihn gerichtet hatte. Schließlich würde ihn, den Künstler, doch jedermann in der Stadt kennen. Er meinte, ich hätte ja mal bei der Stadtverwaltung anfragen oder im Verzeichnis der Stadt nachschauen können, wo und welche Galerien es vor Ort gäbe. Außerdem gäbe es ja noch den Kunstverein. Auch dort hätte ich wohl einmal nachfragen können. Und endlich, nach langem Lamentieren, bekam ich die Antwort, um welchen Künstler es sich tatsächlich handelte. Es gab nämlich noch einen weiteren gleichnamigen Maler Willy K. Der allerdings war noch am Leben und von Beruf Architekt. Na so etwas! Ich war sprachlos.

Wir saßen noch eine Zeit beieinander und ich durfte mir einen Vortrag darüber anhören, dass er der einzige studierte Künstler der Stadt sei und alles andere überhaupt keine Kunst sei. Nun gut, darüber möchte ich hier keine weiteren Worte verlieren und ich war froh, als mein Besucher endlich wieder das Haus verließ.

Besagtes Bild behalte ich nun. Ich gebe es nicht mehr her. Die Stadt will es nicht, der Galerist will es nicht und als wir mehrfach versuchten, den Künstler-Architekten zu erreichen, hatten wir Pech und trafen ihn nicht an. Vor die Tür stellen wollten wir das Bild nun aber auch nicht.

Unsere Zeit, besonders unsere Lebenszeit, ist kostbar. Wir wollen keine Zeit mehr damit verschwenden, ein ungeliebtes Kunstwerk an den Mann oder an eine Frau zu bringen.

Vieles aus dem Nachlass von Uli habe ich weitergeben können. Inge freute sich über einen Brieföffner aus Holz, über einen Aquarellblock des Lieblingspapiers und über Ulis Farbkasten. Sie drückte die wenigen Dinge an ihr Herz und ich weiß, dass sie alles wertschätzt und achtet.

Viele Papiere, Farben, Pinsel und die Staffelei bekam eine Künstlerkollegin, die Jugendliche unterrichtet. Sie freute sich ebenfalls über Rahmen, Passepartouts und viele andere Dinge. Ich stockte diese Geschenke noch mit einer Holzstaffelei und anderen Materialien auf.

Ulis Lieblingspinsel ist inzwischen zu meinem ganz besonderen Lieblingspinsel geworden. Einige ihrer Passepartouts schmücken meine Aquarelle und viele ihrer Farben habe ich verwenden können. Uli ist mir auf diese Weise immer gegenwärtig. Ich bin dankbar dafür, dass sie in mein Leben getreten ist und auf ihre Art mein Leben bereichert hat, obwohl wir zwischenmenschlich nie über das Verhältnis Schülerin/Lehrerin hinausgekommen sind.

Ich könnte endlos weiter schreiben ….
Geschichten über so viele liebe, interessierte und interessante Menschen, die mein Leben streiften und bereicherten:

Angelika, die meine allerbeste Freundin und engste Vertraute wurde. Sie schenkte mir ein ganz besonders schönes selbst gemaltes Engelbild.

Gerhard, der stolz darauf war, mein Schüler zu sein und bei Facebook verkündete:
„Du warst es, die mich mit der Malerei zusammen gebracht hat." Wir waren eng miteinander befreundet.

Anne, die besser nähen konnte als malen und die mich unbeschreiblich lieb hatte.

Karl, der immer wieder versuchte, meine Bilder zu kopieren bzw. nachzumalen und mir seine Werke Woche für Woche im Aquarellkurs voller Stolz präsentierte.

Lisa, die mit 6 Jahren schöner malen konnte als Emil Nolde. Ihre Bilder leuchteten in der kurzen Zeit ihres 7jährigen Lebens, so wie es mir bislang nicht gelungen ist.

Roland, der seiner Schwester, die er ganz besonders liebte, zum Geburtstag ein Bild malen wollte und sich am Thema Hagebutte fast die Zähne ausbiss.

Gisela, die kurz bevor sie ihr Leben beendete, rote Arbeitsschürzen an unsere Malgruppe verteilte. Diese Schürze benutze ich grundsätzlich bei meiner Malerei mit Acrylfarben. Von ihrem Mann bekam ich sehr viele ihrer Malutensilien geschenkt. Einiges habe ich weitergegeben.

Helga, die mir immer wieder Trinkgeld gab und kleine Geschenke mitbrachte. Ihr Satz lautete:
„Wenn ich eines Tages tot umfalle, dann habe ich wenigstens einigen Menschen eine Freude gemacht."

Das Tragische an dieser Geschichte ist, dass alles tatsächlich eintraf und sie eines Tages einfach umfiel und unsere Erde verließ.

Und dann gab es noch **Elfriede**, die trotz Dialyse Termine fand, zum Aquarellmalen zu kommen.

Unzählige Kursteilnehmer und -teilnehmerinnen erfüllten mein Leben mit Fragen, Lachen und Staunen. Nicht immer gelang mir eine Verbindung zu den einzelnen Charakteren und nicht immer konnte ich ihre und meine Erwartungen erfüllen.

Für alles und jeden sage ich meinen herzlichen Dank.

Nachtrag:
Wie das Leben so spielt, verliebte sich ein Bekannter zwei Jahre später in das Papierkunst-Bild und ich nahm die Gelegenheit beim Schopfe und schenkte es ihm zu Weihnachten.

In meiner Art zu malen gibt es für mich
erlebte Motive
verschmelzend in Ausdruck und Farbe
meines Empfindens und meines Seins
Raum lassend für Interpretationen.

Worte lassen sich nicht finden
denn wortlos ist
was die Malende fühlt oder sieht.

Kunst oder nicht Kunst
abstrakt oder nicht abstrakt
laut oder leise
alles geht über das Gefühl des Betrachters.

Der Gutschein

An einen Gutschein hatte ich nicht im Entferntesten gedacht, als ich vor 4 Jahren die Bekanntschaft eines jungen Mannes machte, der mich um spirituelle Hilfe bat. Vieles hatte er bereits bis zu unserem Treffen ausprobiert, doch bislang hatte ihm niemand helfen können. Er hatte unspezifische Erkrankungen, dazu ein zerrüttetes Verhältnis zu seinem Vater, er war arbeitslos und wusste insgesamt nicht mehr ein noch aus.

Wir verabredeten uns zu einem klärenden Gespräch und waren uns von Anfang an sehr sympathisch. Allerdings überwog die Skepsis seinerseits. Auf seine Frage nach der Bezahlung meiner Leistung vereinbarten wir eine Spende, die ihm aufgrund seiner finanziellen Situation möglich wäre. Allerdings könne er ebenfalls bei Erfolg meiner Arbeit die von mir geleisteten Stunden abarbeiten. Ich hielt das alles für ein super günstiges Angebot.

Über Wochen erstreckte sich meine Arbeit und dem jungen Mann ging es besser und besser. Eine Arbeit war in Sicht, das Verhältnis zu seinem Vater verbesserte sich und er fand zu seinem Erstaunen seinen Glauben wieder.

Dann hörte ich lange Zeit nichts mehr von ihm und machte mir so meine Gedanken. Fast ein Jahr später kündigte der junge Mann seinen Besuch bei mir an. Er hätte mir vieles zu berichten. Ich freute mich auf seinen Besuch und nahm mir viel Zeit für ihn. Unser Gespräch bestand aus lauter positiven Schilderungen seines Lebens und ich freute mich für ihn. Meine Arbeit hatte also Erfolg gehabt.

Plötzlich, nach ungefähr zwei Stunden, erhob sich mein Gast, reichte mir zum Abschied seine Hand und verschwand.
Von Spende oder Ausgleich für meine Arbeit war überhaupt nicht die Rede. Ich war doch mächtig erstaunt darüber.
Monate vergingen, als es morgens an der Haustür klingelte. Mein Mann eilte die Treppe hinunter und zeigte mir anschließend einen unscheinbaren Umschlag.
„Da war ein junger Mann an der Tür. Er sagte mir, dieser Umschlag sei für Dich. Weiter nichts. Er war sofort wieder verschwunden."

Der Umschlag war unbeschrieben. Ich öffnete ihn und entdeckte einen Gutschein für ein Essen in einem mir unbekannten Restaurant. Dem Namen nach musste dieses dem Vater des jungen Mannes gehören. Kein weiteres Wort, nur dieser Gutschein. Mir kam das alles sehr seltsam vor und ich legte ihn erst einmal beiseite.
Der Gutschein lag und lag, bis ungefähr ein weiteres Jahr vergangen war. Mir machte es überhaupt keine Freude, in besagtem Restaurant essen zu gehen. Im Internet hatte

ich mir die Speisekarte angesehen, aber aufgrund der Lage des Restaurants hatten weder mein Mann noch ich große Lust auf ein Essen. Doch ich wollte meinen „verdienten" Gutschein nicht einfach verfallen lassen und so fragten wir an, ob es auch Speisen außer Haus geben würde. Zum Glück war dieses möglich und so entschieden wir uns an einem Samstag, das Essen zu uns nach Hause zu holen. Wir wählten so aus, dass wir aufgrund der Entfernung alles kurz in der Pfanne aufwärmen konnten wenn nötig.

Als mein lieber Mann endlich zur Mittagszeit losfuhr, freute ich mich doch riesig auf die von uns gewählte Hähnchenbrust.
Was wir auspackten, sah jedoch aus wie eine Frikadelle und ich fragte meinen Mann, warum er denn nicht wie vereinbart die Hähnchenbrust mitgebracht hätte. Erstaunt bekräftigte mein Gatte, dass es sich sehr wohl um das gewählte Gericht handeln würde.
Kurz und gut, es war höchstwahrscheinlich in Form einer Frikadelle gepresstes Formfleisch. Der angepriesene Salat war leider matschig und die Fritten lagen in der Soße wie aufgeweichte Regenwürmer. Also - das Essen hat uns beiden nicht sonderlich geschmeckt.
Über Geschmack lässt sich bekanntlich nicht streiten, jedoch waren wir ziemlich enttäuscht von der Qualität dieser Mahlzeit. Wenn das der Lohn für meine geleistete Arbeit war?

Ich habe lange darüber nachgedacht und folgende Wortspiele waren das Ergebnis:

Gutschein:

mehr Schein, als sein….

es scheint nur so….

der Schein trügt….

Sonne kann nicht ohne Schein, Mensch nicht ohne Liebe sein….

scheinheilig….

scheinbar….

was nützt der schöne Schein, wenn in dir nur Leere herrscht…..

unscheinbar….

schwankst du noch zwischen Schein und Wirklichkeit…

wahrscheinlich….

Ganz ehrlich: Ein kleiner Geldschein wäre mir lieber gewesen

Sorge dich nicht um die
Früchte deiner Arbeit.
Sei mit deiner Aufmerksamkeit
nur bei dem, was du gerade
tust.
Frucht trägt es von ganz
alleine.
(B. Wacker 2009)

Die Reparatur

Jede Hausfrau mit Garten und Tiefkühltruhe kennt das Problem. Im Winter bzw. spätestens im Frühjahr muss der Eisschrank oder die Gefriertruhe abgetaut werden. Im Winter ist es eigentlich praktischer, denn an Frosttagen stellt man die eingefrorenen Beutel und Dosen im Wäschekorb nach draußen auf den Balkon, auf die Terrasse oder in den guten alten Schuppen. Wir haben einen alten Gefrierschrank von Schwiegermama geerbt, der wie unsere Truhe im Keller steht, allerdings abgetaut und lediglich für derartige Fälle wie Abtauen oder eventuelle Pannen bereitsteht.

Mein hilfsbereiter Gatte schrubbte und wischte also den geerbten Schrank und nach dem Trocknen bestückten wir ihn mit dem Inhalt unserer Tiefkühltruhe. Wir hatten Glück und konnten in den wenigen Schubladen alles verstauen. Anschließend tauten wir die Truhe ab und mein Mann begann erneut mit dem Auswischen der Truhe. Das ist praktisch für mich, denn er hat einfach die längeren Arme...
Es dauerte nicht lange und mein Mann kam zu mir ins Büro. Er hatte ein Problem mit dem Rand und der Dichtung. Beides war schwärzlich verfärbt. Die Dichtung war vom Aspergilluspilz befallen. Mit Mundschutz und Essigwasser war er ihm zu Leibe gerückt, jedoch war im porösen Kunststoff der Truhe eine dunkle Verfärbung

sichtbar geblieben. 15 Jahre gehen eben auch an Haushaltsgeräten nicht spurlos vorüber. Was also war zu tun?

Mir fiel mein Schmutzradierer ein, der auf dem Fußboden des Ateliers oft eine große Hilfe war. Damit ausgerüstet verschwand mein fleißiger Gatte im Keller und tatsächlich war seine Arbeit von Erfolg gekrönt. Die Gefriertruhe blitzte und blinkte wie neu. Meine Aufgabe war es, sie auf Superfrost einzustellen, um sie Stunden später neu zu bestücken. Ach, was war ich stolz auf meinen Mann und seine brillante Arbeit.

Einige Stunden später schaute ich nach der Truhe. Das Thermometer zeigte 40 Grad minus an. Ich fand das sehr seltsam und wollte auf Normalbetrieb schalten. Leider gelang es mir nicht. Die Truhe kühlte und kühlte. Wir schalteten sie aus, zogen den Stecker, stellten sie Stunden später wieder an und nichts geschah. Der Thermostat bockte und kühlte immer noch auf minus 40 Grad. Also musste ein Fachmann her.

Welch Glück, dass Schwiegermama uns den Gefrierschrank vererbt hatte. Wir waren somit nicht gezwungen, viel und viel mehr schnell aufzuessen. Der Elektromeister schaute sich die Truhe an und meinte, solche Schäden kämen oft vor direkt nach dem Abtauen. Wir müssten uns entweder eine neue Truhe oder einen Gefrierschrank kaufen. Allerdings wären die modernen Kühltruhen heute größer und breiter und würden eventuell nicht durch die schmale Kellertür passen.

Am nächsten Tag erhielten wir drei Angebote per Mail übermittelt. Allerdings waren diese Geräte kleiner als die, die wir im Keller stehen hatten und immens teuer.

Mit diesen Extrakosten hatten wir nicht gerechnet und wir beratschlagten stundenlang. Auch im nahen Elektromarkt wurden wir nicht schlauer. Gefriertruhen waren derzeit nicht lieferbar und man konnte uns nicht sagen, wann ein neues Modell wieder geliefert werden konnte. Auch Schränke waren nur bedingt bestellbar und wenn, dann lediglich die super kostspieligen Modelle. Wir entschlossen uns, vorerst lediglich den alten Eisschrank von Schwiegermama zu verwenden und Geld beiseite zu legen.

Ich weiß nicht, was mich bewogen hat, noch einmal in den Keller hinabzusteigen. Ich steckte nochmals den Stecker in die Dose und schlug mehrmals auf den Deckel der Truhe. Dann schüttelte ich sie wütend durch und schrie die Truhe an: „Was fällt Dir ein, Du undankbares Ding! Da wirst Du liebevoll geputzt und dann läufst Du einfach nicht mehr! So eine Sch….!"

Und siehe da, die Truhe erbarmte sich, der Thermostat schaltete auf Normalbetrieb und alles funktionierte wieder.

Mein Mann schüttelte nur noch den Kopf und auch ich kann es bis heute nicht verstehen. Er scheint zu stimmen, der Satz meines verstorbenen Freundes: „ALLES IST GEIST".
Mit anderen Worten gesagt: Wir Frauen sind einfach unschlagbar.

<u>Lied meines Lebens</u>

Ich schreibe
zuerst das Leid mir von der Seele
dann nehme ich meinen Zauberstab
den erträumten
und wandle alles um in Töne.
Ich schüttele sie durch und durch
mische und mixe
füge die Töne neu zusammen
schreibe sie auf Notenpapier
und singe dann
das Lied meines Lebens

Glück

Hast Du es bemerkt
Dir ist das Glück begegnet
ganz einfach nimmt es Deine Hand
Dein Weg ist auf einmal gesegnet
Der führt Dich in ein neues Land
und ist Dein Ziel das Glück
dann lass doch die Vergangenheit
und schau nicht mehr zurück

Merkst Du es nicht
Du bist jetzt frei
Du liebe Seele, gib doch Ruh
schließ der Vergangenheit die Türe zu
Sehr schnell ist Dir das Glück entflohen
wenn Zweifel Dir und Ängste drohen

Dir ist das Glück begegnet
halt es ganz fest mit Deiner Hand
dann ist Dein Weg gesegnet
und führt Dich in ein neues Land

(B. Wacker, 7/2007)

63

Brigitte Anna Lina Wacker, geboren 1953 in Voigtding, jetzt Wingst, lebt und arbeitet als freischaffende Künstlerin in Cuxhaven. Bereits in ihrer Kindheit schrieb sie Gedichte. Als Jugendliche widmete sie sich der Porträtmalerei.

Nach einem folgenschweren Unfall veränderte sich schlagartig ihr Leben. 1987 begann sie, sich mit Malerei ernsthaft zu befassen und in zahlreichen Kursen ausbilden zu lassen. Zur gleichen Zeit schrieb sie ihre ersten lyrischen Verse.

Im Jahr 2000 erschien ihr erster Kunst-Lyrik-Bildband im Eigenverlag.

2005 folgte ein Engelbildband in limitierter Auflage. Veröffentlichungen ihrer Kurzgeschichten und Gedichte erfolgten in diversen Anthologien des Wolkenreiter-Verlags Fuldatal und in ihrem ersten Buch „Gefühlt-Gespürt-Geträumt".

2011 wurde ihr Gedicht „Ich bin" in der Jokers-Gedichte-Datenbank der besten deutschsprachigen Gedichte veröffentlicht.

2012 wurde ihr Gedicht „Wunder Engel" in die Anthologie „Einfach nur ein Engel", net-Verlag, aufgenommen.

Seit 2012 erschienen diverse Kurzgeschichten, Bildbände und Märchen im BoD-Verlag

Geburtstagsgedicht für liebe Freunde

Geburtstag ist wohl ohne Frage
der schönste aller Erdentage –
drum will ich keine Zeit verlieren
zum Wiegenfest Dir gratulieren.

Ich wünsche Dir das Allerbeste
zum heutigen Geburtstagsfeste –
Gesundheit und auch Gottes Segen
begleite Dich auf allen Wegen.

365 Tage Freude
sei immer so gut drauf, wie heute –
565.600 Minuten Glück und Zufriedenheit
hab durchweg eine gute Zeit.

Das wünsch ich Dir nach alter Sitte -
von Herzen grüßt Dich nun
                              Brigitte

LEBEN

Ich fühle Dich, Leben –
in diesem Augenblick –
mit jedem Wimpernschlag –
durch jeden Atemzug –
im Fühlen –
im Denken –
in all meinen Handlungen –
so kostbar –
so einzigartig –
unwiederbringlich –
wertvoller als alles Gold oder Edelsteine –
Ich fühle dich, Leben –
endlich – endlich wieder –
DANKE, dass ich bin –
DANKE, dass es dich gibt –
mein Leben